[FOTESÍAS]

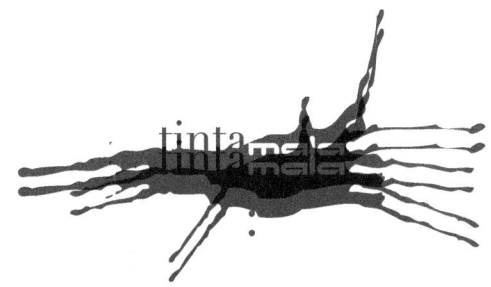

fotografia
Alitana

Título: FOTESÍAS
Fotografías: Natalia Martínez Pajares
Poemas: Gaztea Ruiz Martínez
Editorial TintaMala (www.tintamala.com)
ISBN: 978-84-16030-25-5
© Natalia Martínez 2015

FOTESÍAS

Natalia Martínez [Fotografías]
Gaztea Ruiz [Poemas]

[ÍNDICE]

Llorando estrellas [9]
Latido de hierro [11]
Yo sueño [13]
Mayo llegó como llega mayo [15]
Salamandras [17]
Mirarte [19]
Dios dormido [21]
Flor de las nieves [23]
Hayedo sereno [25]
¿Quién puso la luna en el cielo? [Fotoauto] [27]
También las heridas [Fotopta por soleá] [29]
Natalia Martínez [Fotografías] [31]
Gaztea Ruiz [Poesías] [33]

[LLORANDO ESTRELLAS]

Al sol le salieron canas
y la tarde se hizo tan ancha
que la luz no llegaba a las esquinas.
El cielo comenzó a contar mentiras
y me dijo que era un pozo humilde
habitado por un chispear de luciérnagas.
Una mujer, cazadora de instantes,
acechaba tras su corazón terrestre
a la noche azul que ardía.
Y allí apareció San Lorenzo.
Llorando estrellas.

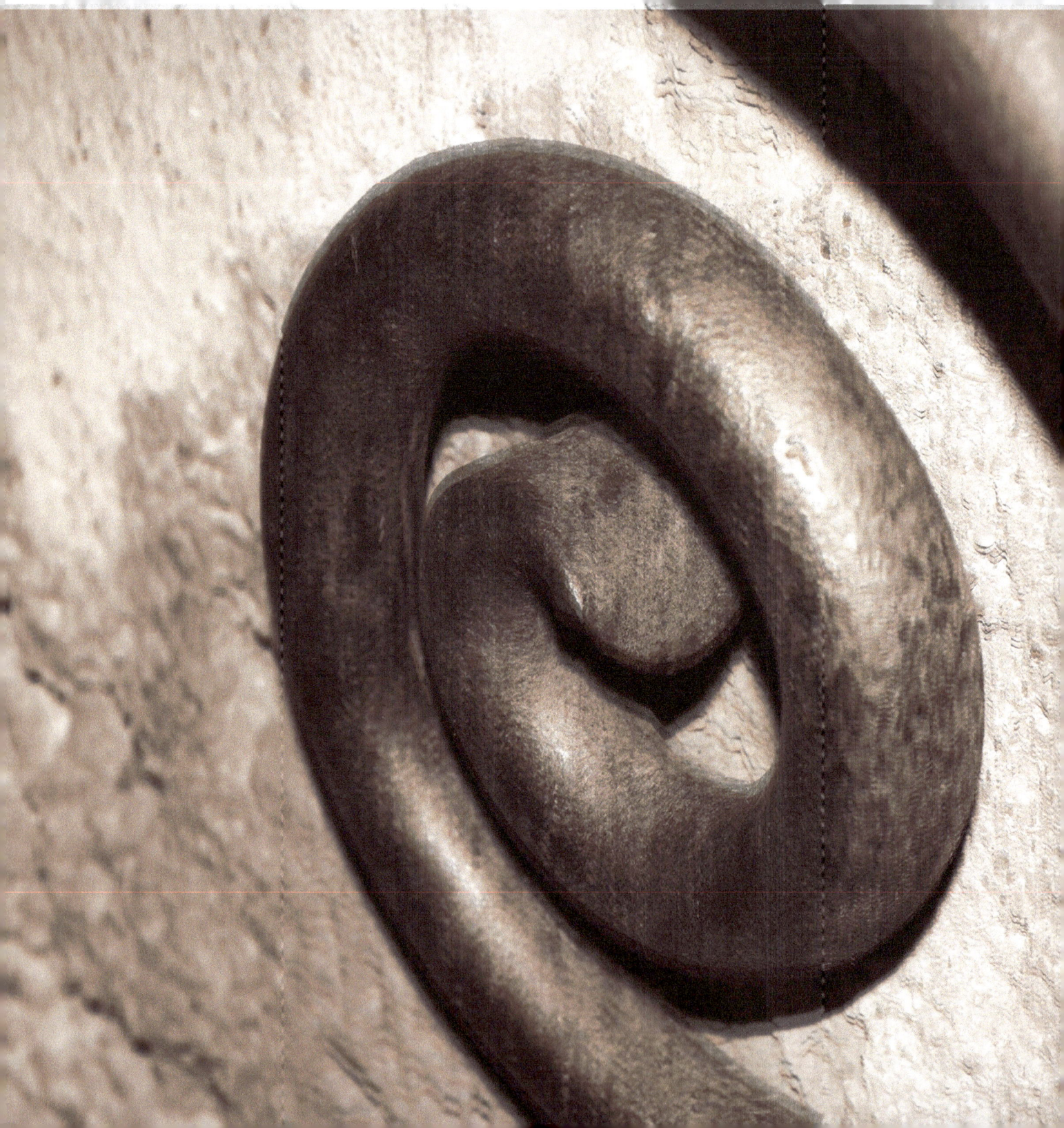

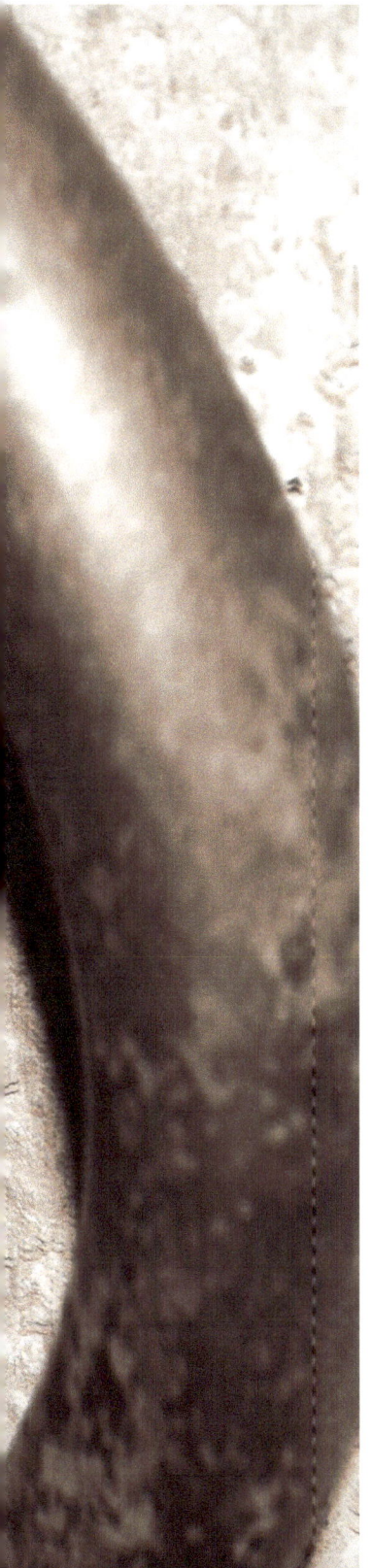
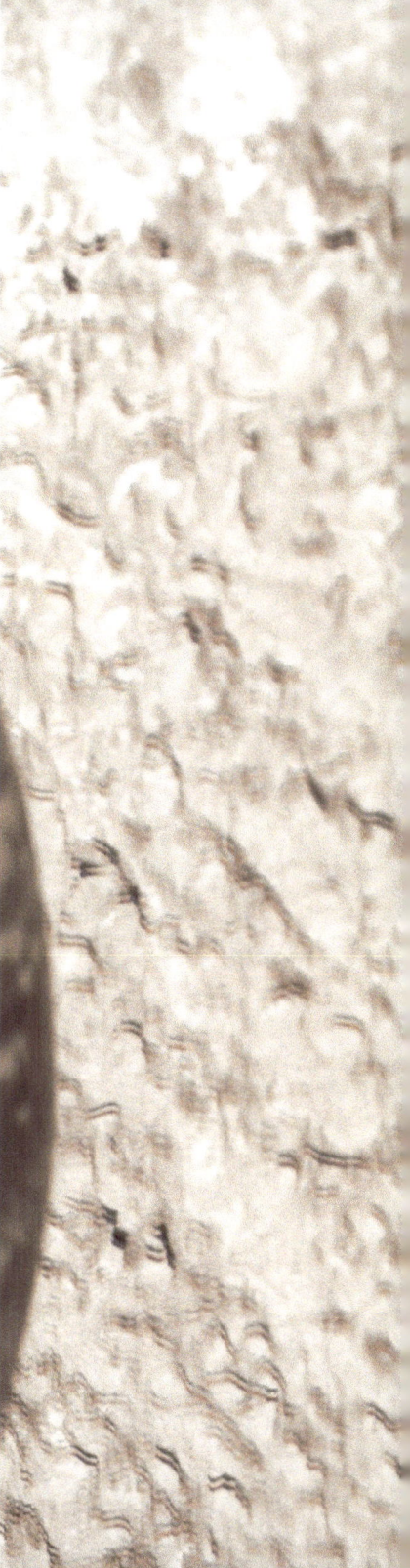

[LATIDO DE HIERRO]

Dos pechos entregados a su movimiento
ignoraban las miserias del mundo
y ejercían entre sábanas su imperio
de ansias y horas calientes.
El uno sobre el otro y el otro en los dos,
jugaban con caracolas incendiadas
doctorándose en volcanes,
anillos y espumas.
Pero un día fue aquel día
y no hubo más dos, sino uno:
Abismos los bordes de la cama.
Un latido quiso seguir en espiral ardiente
y se encontró solo en el nosotros:
metal torcido en la pared fría.
Despertó al fin y supo del tiempo
al contemplarse rodeado de nada.
Comprendió que había muerto.

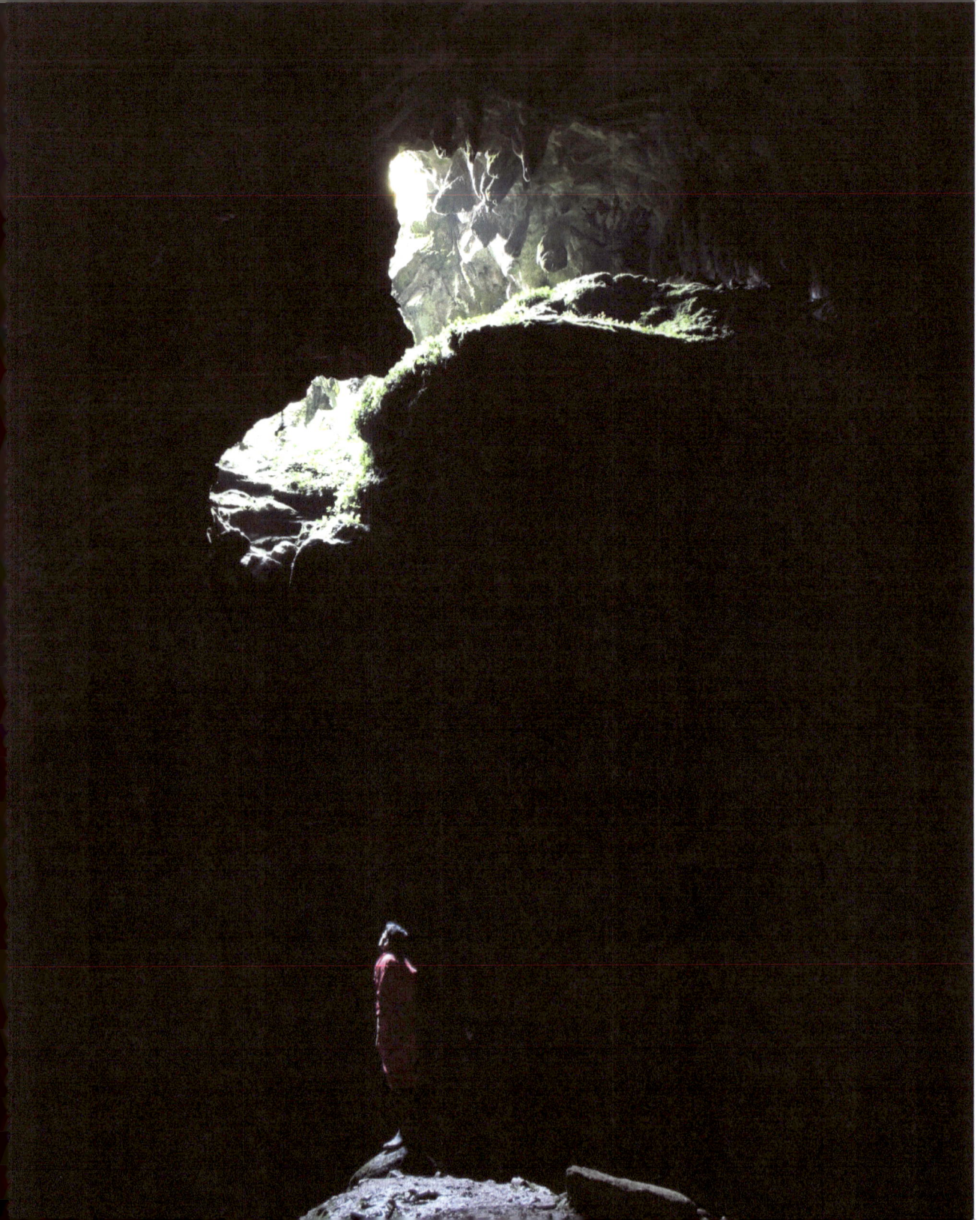

[YO SUEÑO]

Yo sueño una patria alegre
con avenidas de luz
y hombres buenos
que saben mirar y ser mirados.
Yo sueño abrir las bocas
al sonido verde de la risa
y llevar agua entre las manos
mientras voy cantando viejas coplas.
Yo sueño romper el negro muro
y que tú y yo despertemos
como en una gruta imposible.
Yo sueño encontrarte
y no poder disimular
las ganas de abrazarte.

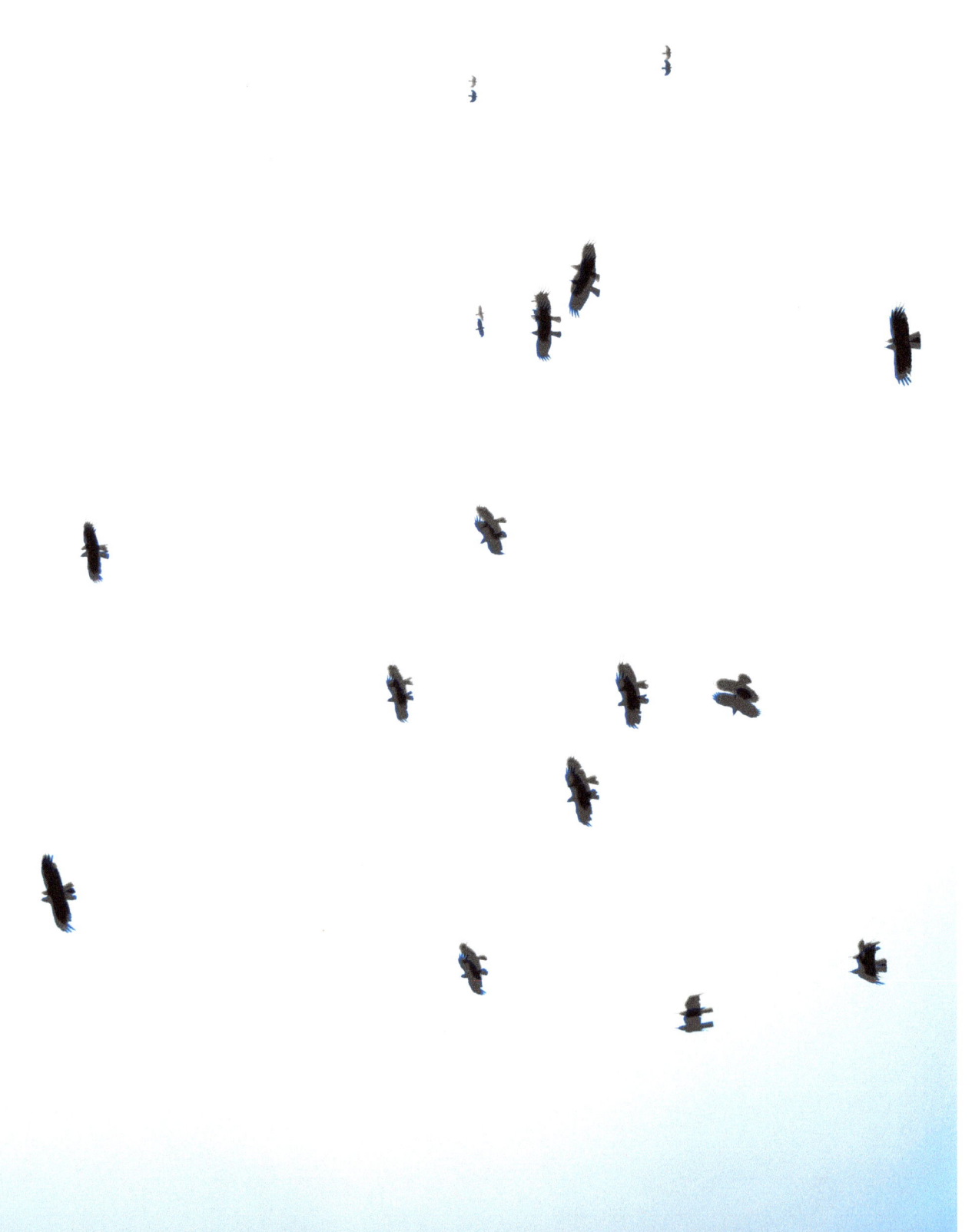

[MAYO LLEGÓ COMO LLEGA MAYO]

Las muchachas de anchas caderas
bajaban por la calle
derramando su contoneo fértil
en la mirada de los hombres.
Los dedos encelados clamaban
por desabotonar blusas
y liberar al aire tibio
los temblores de tantos pechos
que el invierno había encerrado.
Los escolares iban corriendo
por las clases y los patios,
merendaban Lengua y Matemáticas
y estudiaban pan y chocolate,
brincaban llenos de brillo
sobre los castigos de sus padres.
El frío era un cascarón que se había roto.
Mayo llegó como si la luz fuera infinita.
Yo, sin ti, alcé la vista a las alturas.
Y sólo vi un cielo lleno de pájaros.

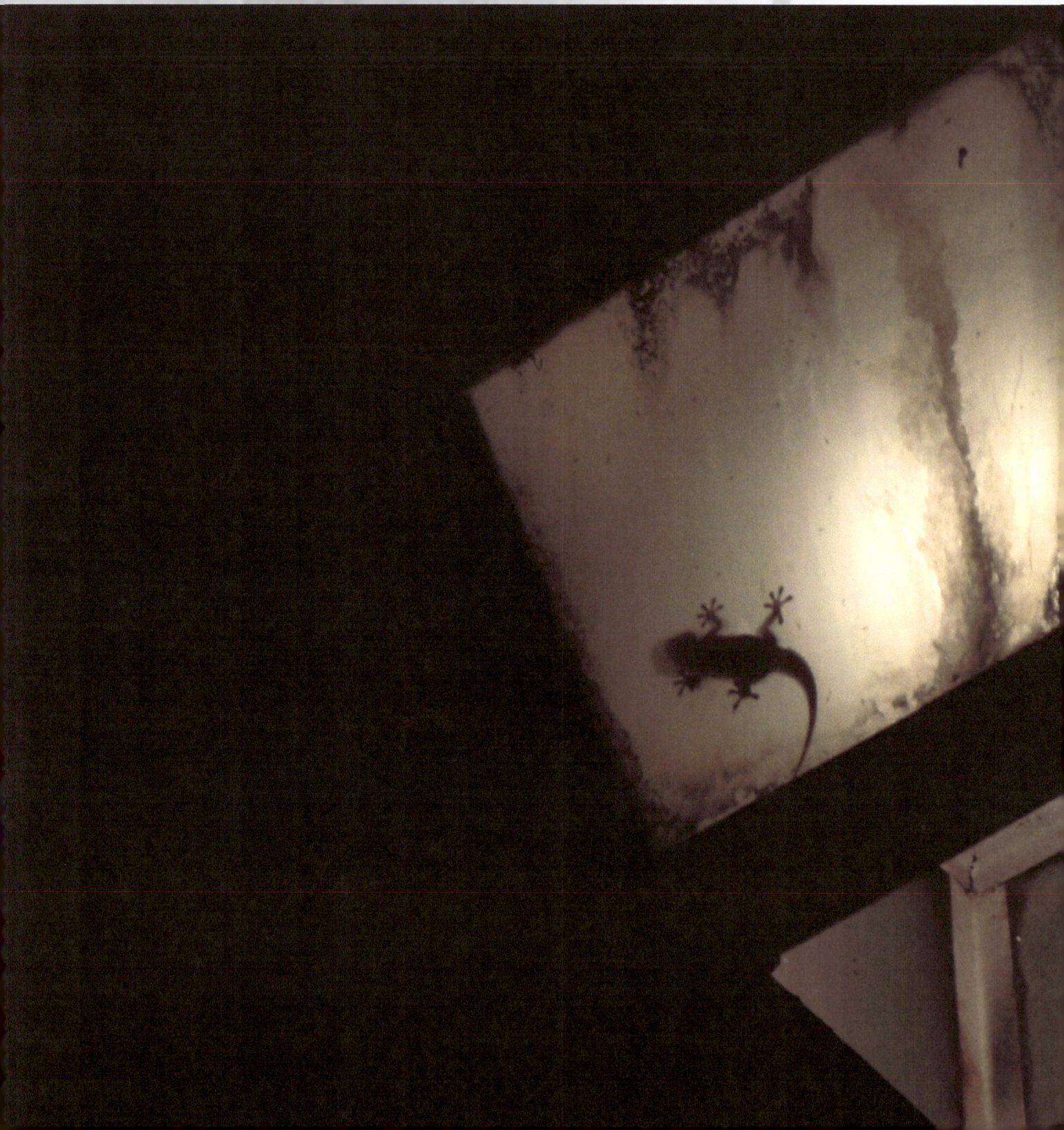

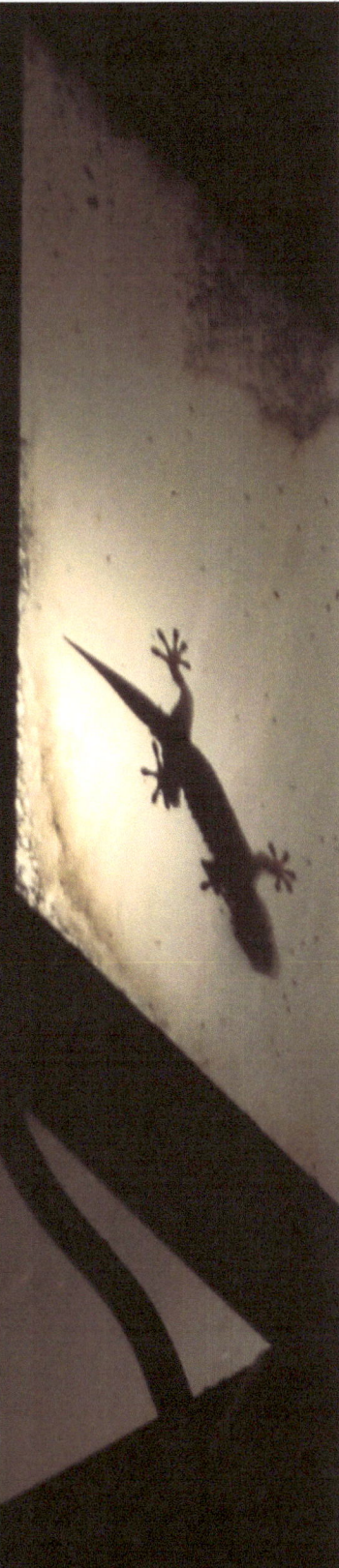

[SALAMANDRAS]

S ola entre la gente, soledad multiplicada,
A quella mujer era una pared de niebla
L úgubremente preparada para rendirse
A los tristes tambores de la rutina.
M añanas de lunes los domingos,
A rañazo el otro lado de la cama
N unca por hombre calentada ni desecha,
D olor de vértice deseoso de empuje y espuma.
R osa con las espinas intactas, así era ella,
A la noche reclamó y fueron sus quejas
S alamandras mendigando una pizca de luz.

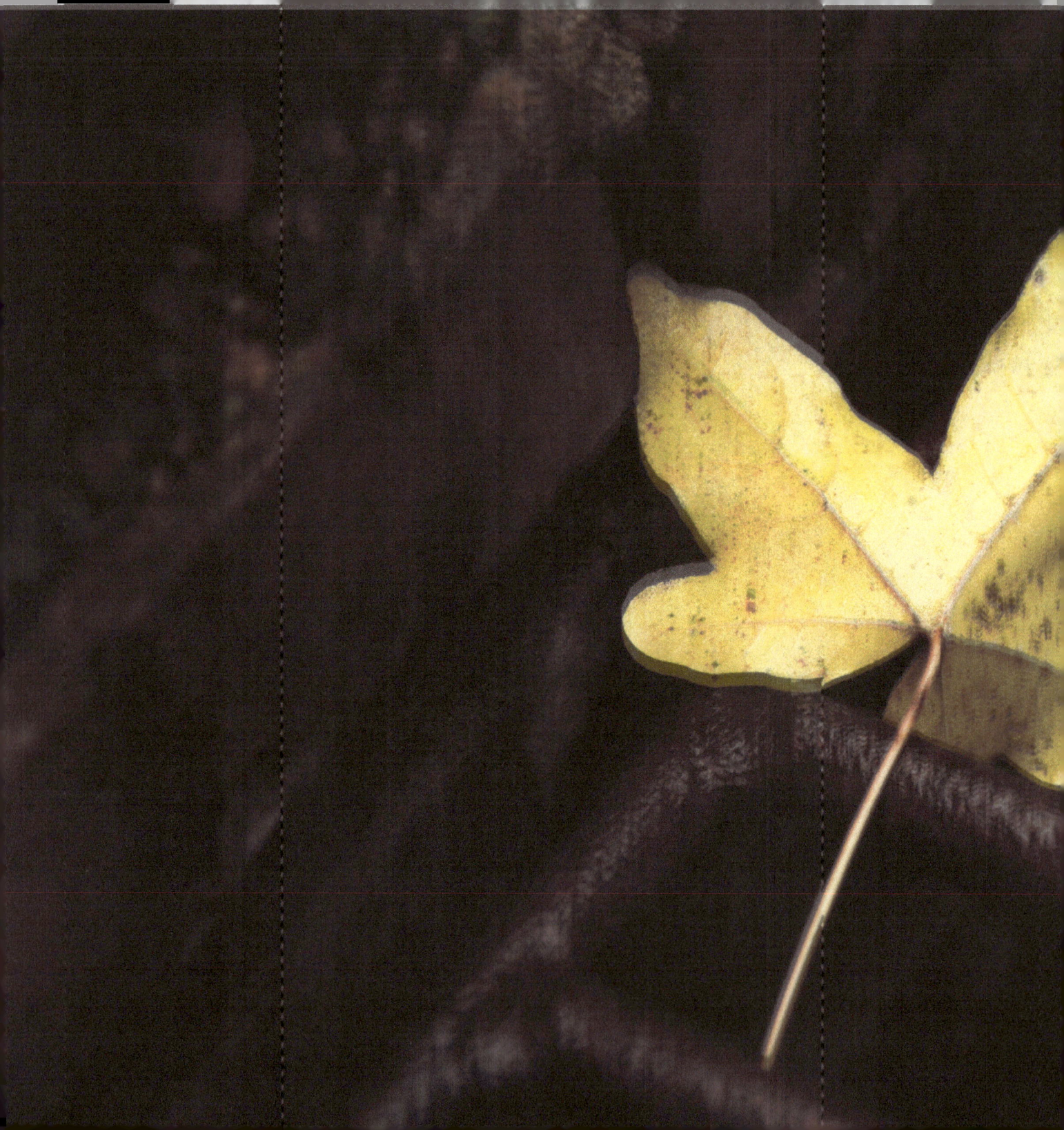

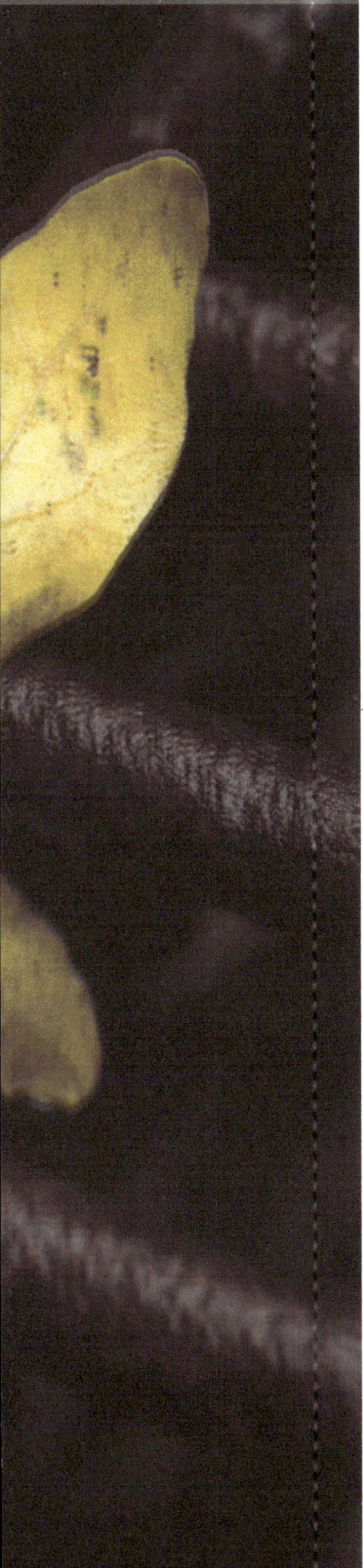

[MIRARTE]

Cuando llegue el segundo temido
en que las lenguas negras
derritan las luces perpetuas
y el alba caiga tiritando
tras los muros de la mentira;
cuando queden blandos los duros rayos
ante las madres viejas
que acunan suspiros mezquinos
y las hojas amarillentas tiemblen
en las oxidadas bocas de las alcantarillas;
cuando el olvido acuda indolente
para tragarse mi corazón;
que no le sabrá a nada,
y tú y yo vayamos a dejar de ser
lo que fuimos y somos;
entonces, justo antes del fin,
déjame mirarte por última vez...
Un instante apenas, compañera,
mirarte por última vez.

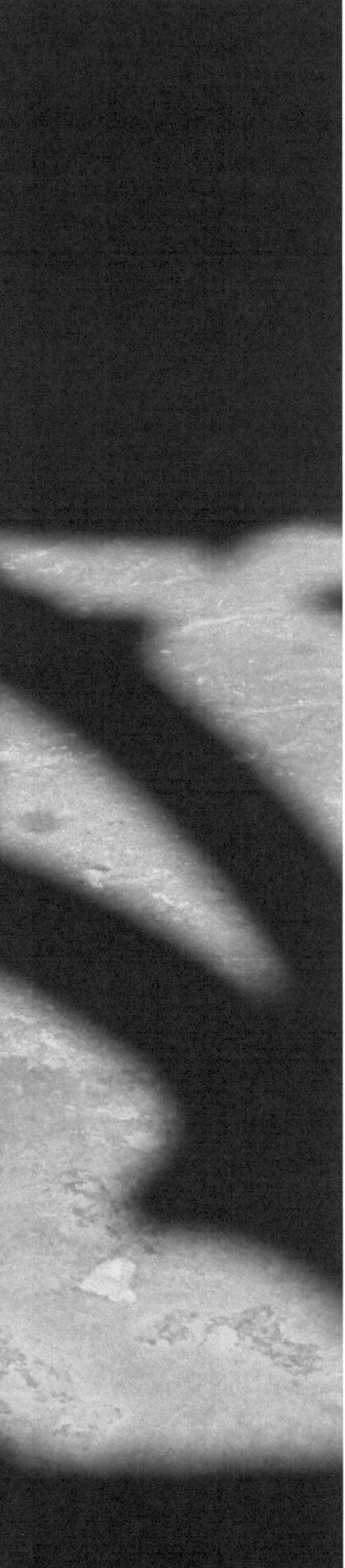

[DIOS DORMIDO]

Harina de cristal,
pan violento
que llaga los pasos
de los amantes.
Gestos morados
de niños antiguos
por las frondas
desamparadas.
Árboles eléctricos,
gacelas sobre el cemento
que olvidaron el don
de la música y el salto.
—¿Se ha muerto Dios?
—No... está dormido.
Es sombra y luz en ese rincón.

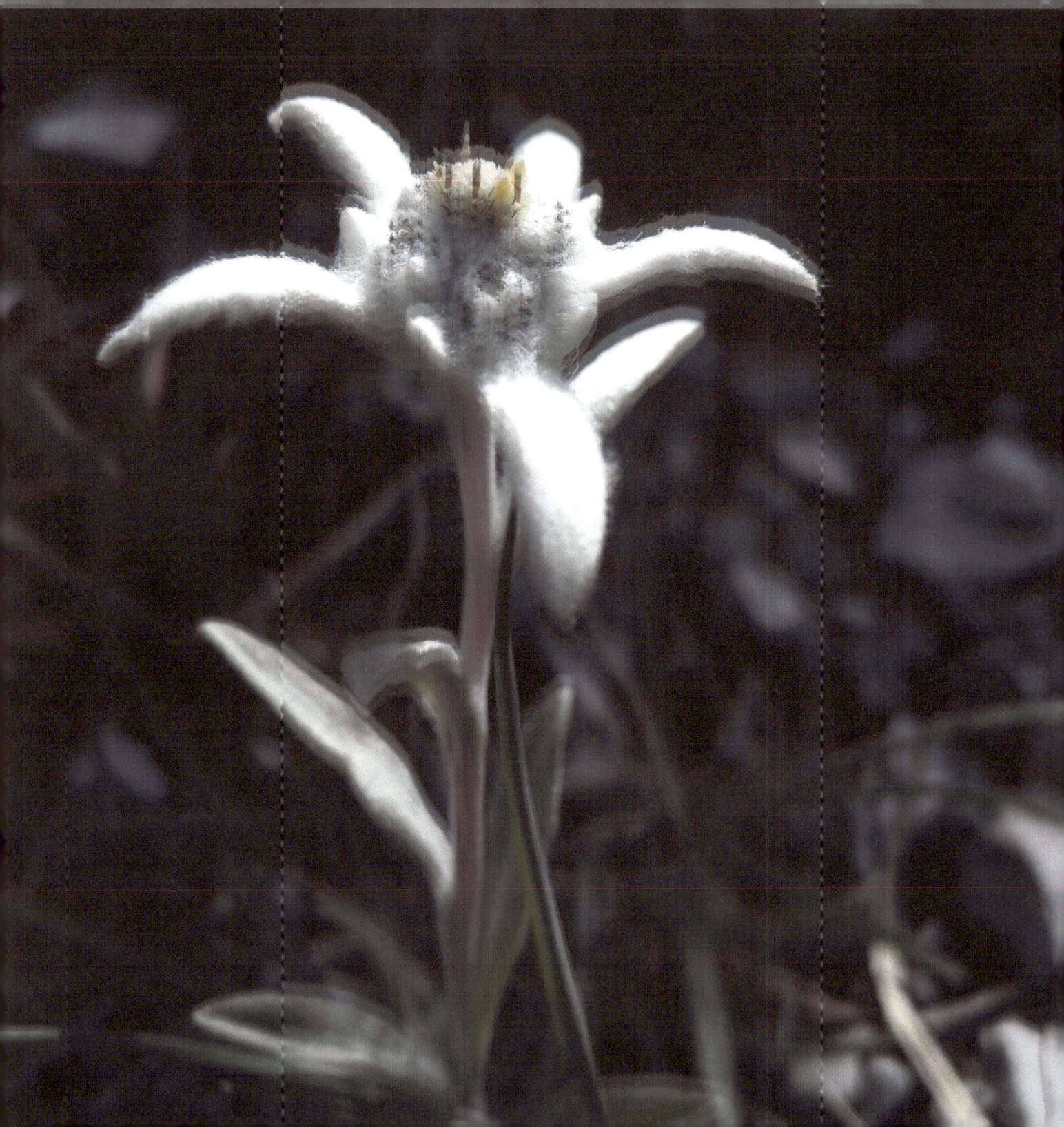

[FLOR DE LAS NIEVES]

Una mujer valiente
quiso un día sumar
pasos a los pasos,
porque había escuchado
que eso era caminar.
Y se fue hacia las nubes
—ese hábito de subir montañas—
con un ratoncillo
que saltaba alrededor
de su risa.
Colgada de los cielos,
allí estaba,
flor en la altura
que no era flor:
era espejo
de una mujer valiente.

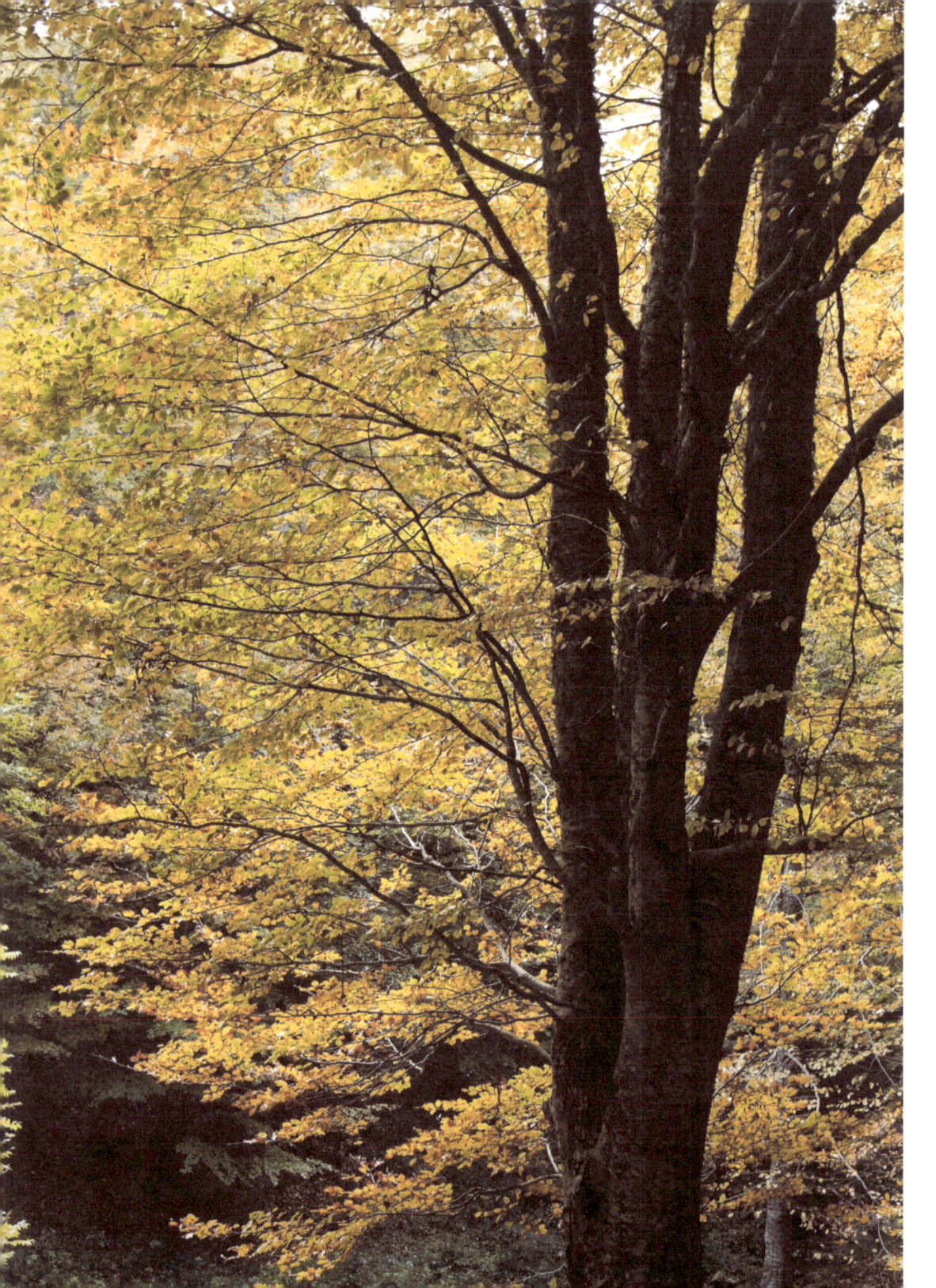

[HAYEDO SERENO]

Hayedo sereno,
amante rubio
que dijiste adiós
sin pena
al último día
de agosto.
Debajo, camastro
de hojas heridas
que mullen el suelo
amarilleando pasos.
El aire se va
aquietando
alrededor
de la plata manchada
de tus cortezas.
Tiene algo de fuga
tu silencio,
como un abrazo suave
que va enfriando
los dedos.
Pareces una bestia
quieta y bondadosa
que me advierte,
otro año más,
que el invierno
principia.

[¿QUIÉN PUSO LA LUNA EN EL CIELO?]
Fotuento

Un dios niño recién surgido de la Nada —os hablo de aquella eternidad en la que los dioses tenían edad— cayó en la tentación de la conocida costumbre de crear mundos.
Con todo el poder todopoderoso, su intención se hizo gesto y el gesto materia redonda, azul y marrón.
¡Qué risa infantil y celestial le entraba con las olas y los vientos, con la nieve y las hojas!
Y esa risa se hizo plantas y corazones, desparramados y sin vergüenza.
Hasta que unas manos se pusieron en pie y le miraron a los ojos; se acabó su risa y llegó el enfado. Lleno de rabia —los niños son niños aunque fabriquen mundos— lanzó a ciegas un enorme guijarro que quedó incrustado en las alturas de la noche.
Y se marchó. Dicen que ya no es niño y que ha hecho otros mundos mejores.
Pero, quién sabe, se dicen tantas cosas...

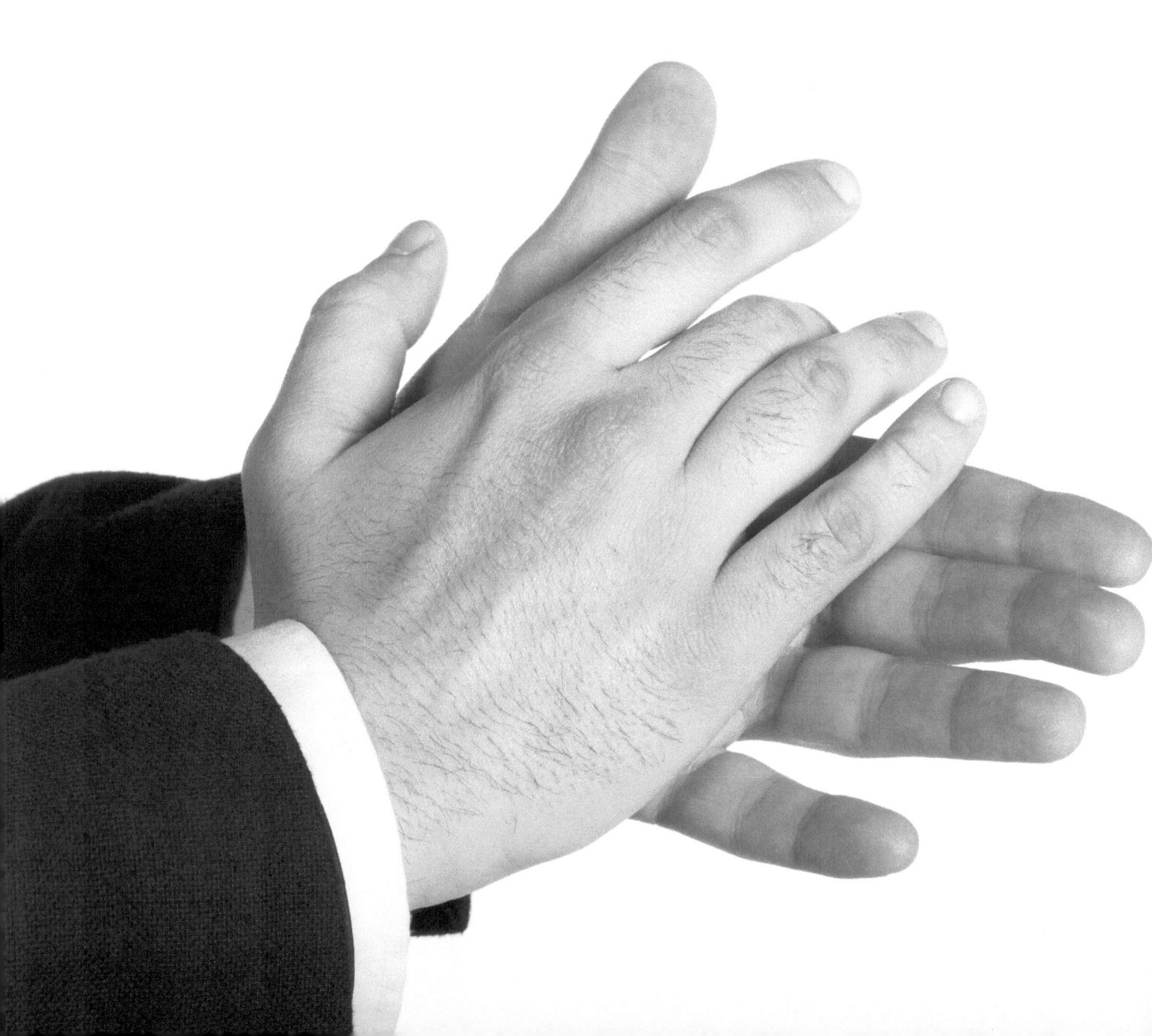

[TAMBIÉN LAS HERIDAS]
Fotopla por soleá

Por vereítas estrechas
eché a andar como un ciego
y me alcanzó la locura
aquella noche sin cielo.

En el cuarto de la pena,
como ya no puedo verte,
te llamo por soleá
y me contesta la muerte.

A mí me dijo un Debel:
—Si regresas a la vida,
recuerda que vendrá la luz
pero también las heridas.

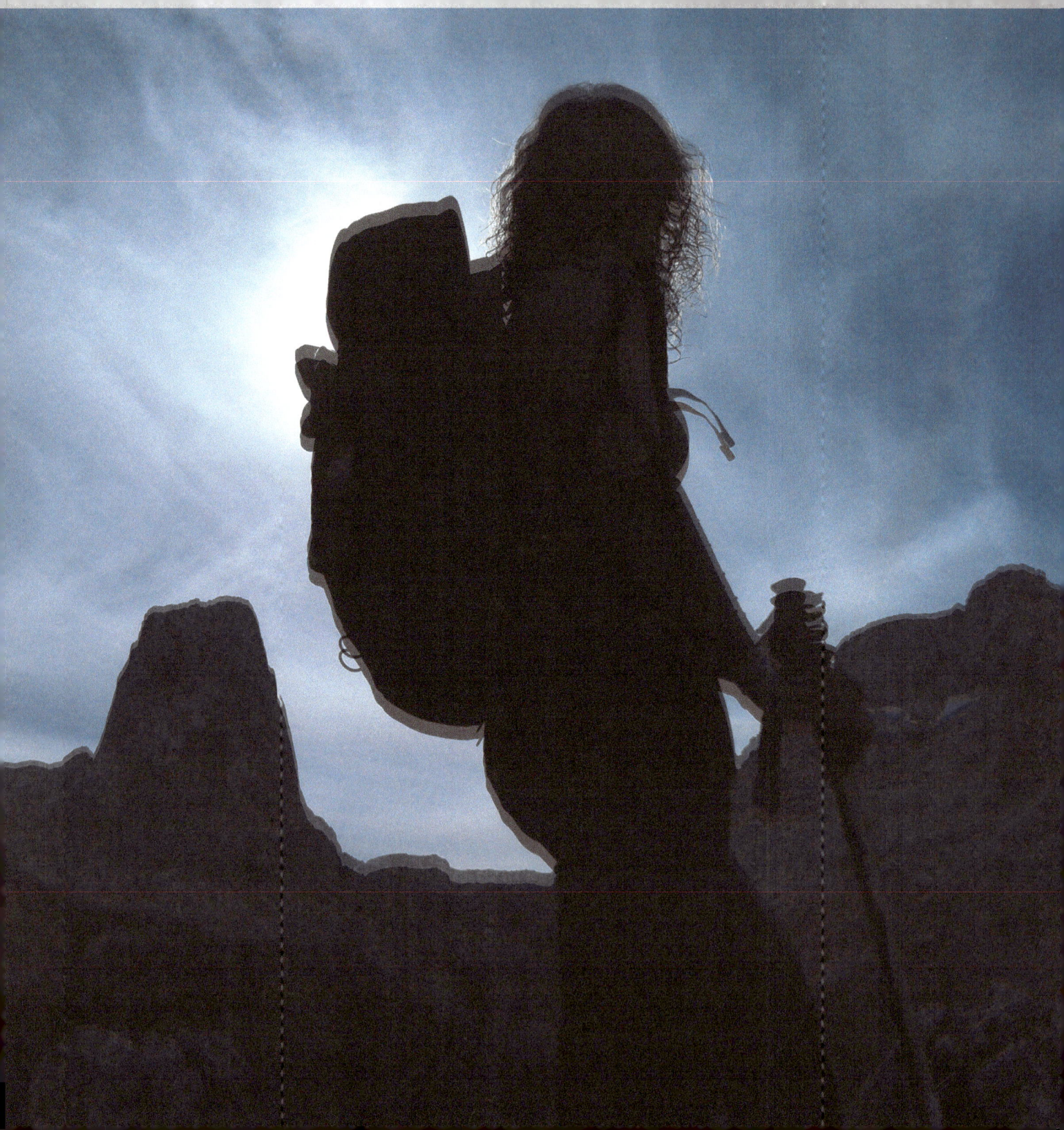

NATALIA MARTÍNEZ [FOTOGRAFÍAS]

Natalia es una bruja a la que no le gusta que eso se sepa demasiado. Procura disimular pero a algunos no nos puede engañar.

Sus amigos nos la encontramos en el fondo de una cueva y nos gustó tanto su risa que nos la quedamos. En aquel momento no teníamos ni idea de su vida y ahora ya le hemos cogido cariño...

Así que no hemos averiguado en qué año nació, pero sí que tiene algún pacto secreto, como casi todas las brujas, porque parece que el tiempo nunca pasa por ella.

¡Ah... y hace muy buenas fotos hasta cuando nos saca a nosotros, que somos muy feos!

www.fotografialitana.com

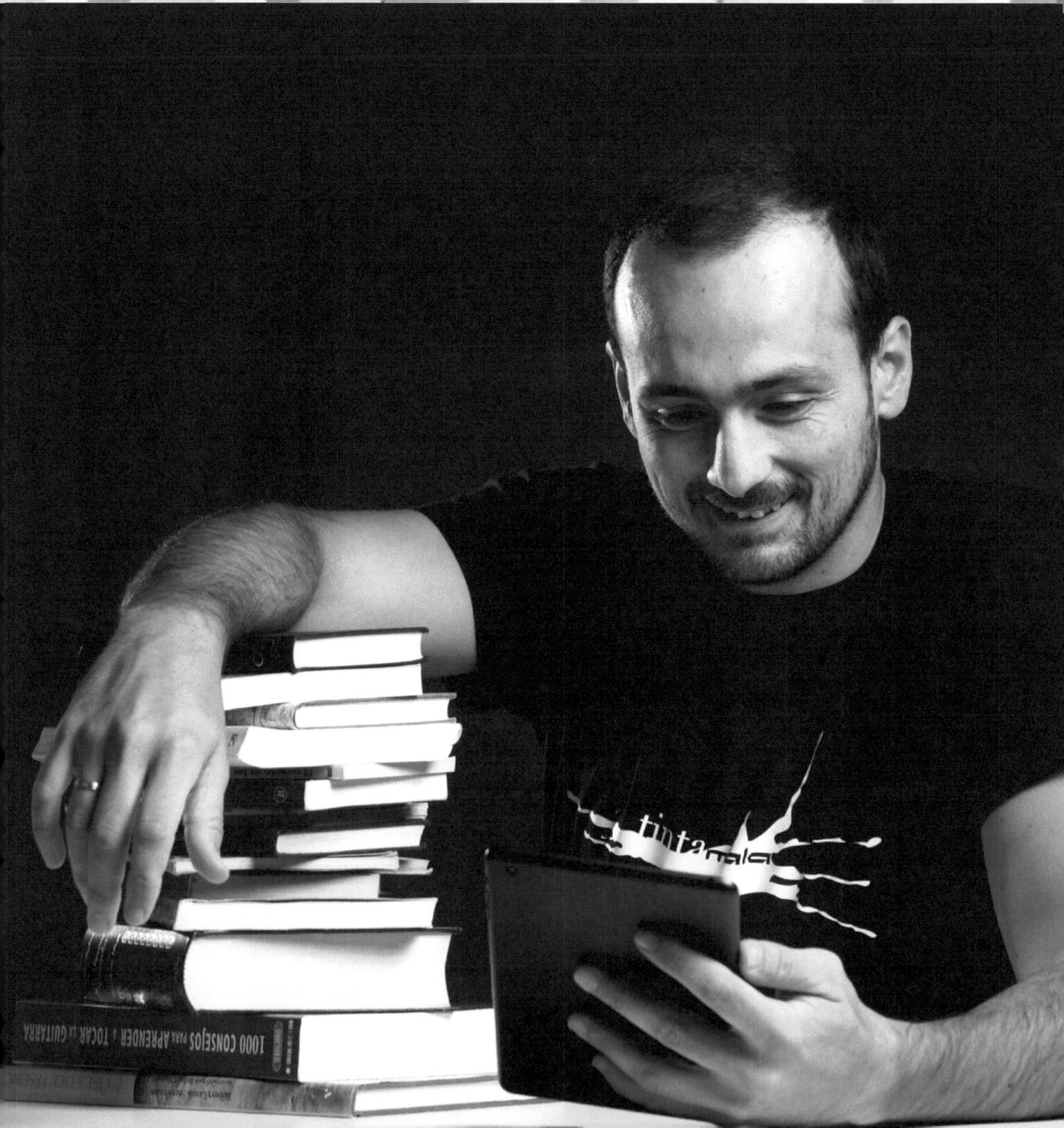

GAZTEA RUIZ [POESÍAS]

Gaztea está mal de la cabeza. Una vez un señor mayor que trabajaba en un banco se lo encontró por la calle leyendo un libro de poesía en voz alta y le dio tanta pena que le acompañó a casa.
Habla muy lento y sus amigos pensábamos que lo hacía para llamar la atención. Pero un día nos explicó que no habla más rápido porque no puede, porque su cerebro tiene motor diesel.
Dice muchas tonterías pero también le hemos cogido cariño. Es buen chaval.

http://alcalordelafragua.blogspot.com.es

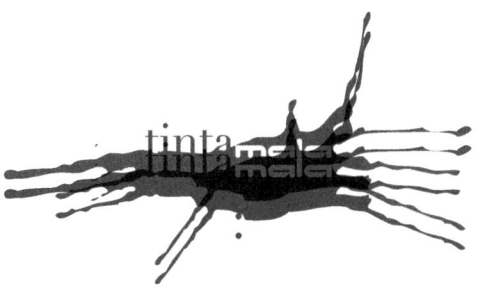